职业教育财经类专业教学用书

U0881574

成本会计实训

主　编　王国清

電子工業出版社
Publishing House of Electronics Industry
北京 • BEIJING

内容简介

职业院校学生能否成为高素质技能型人才，是与岗位能力高度关联的，因此本教材充分体现岗位职业技能与要求，以培养学生岗位职业能力为目的，提高学生实务操作能力，使学生熟练掌握成本会计技能。我们根据职业教育的要求和职业院校学生的特点，本着实用、易操作的原则而编写此书。

本教材所选的经济业务与会计核算资料均来源于制造企业成本会计岗位实际发生的经济业务事项，紧密联系岗位需要，全面覆盖企业成本计算过程，所使用的原始凭证、记账凭证、账簿等都是高度仿真的，使学生在学校就可以接触到真实的成本会计资料。本教材对每个实训项目的操作步骤与操作方法都给出了详细的说明，形成了一套完整的成本会计核算体系。

本教材可作为职业院校财经类专业教学用书，也可作为社会企业财务人员参考用书。

图书在版编目（CIP）数据

成本会计实训 / 王国清主编. —北京：电子工业出版社，2020.2
ISBN 978-7-121-38417-2

Ⅰ. ①成… Ⅱ. ①王… Ⅲ. ①成本会计－职业教育－教材 Ⅳ. ①F234.2

中国版本图书馆 CIP 数据核字（2020）第 011645 号

责任编辑：徐 玲
印 刷：北京七彩京通数码快印有限公司
装 订：北京七彩京通数码快印有限公司
出版发行：电子工业出版社
北京市海淀区万寿路 173 信箱 邮编 100036
开 本：787×1 092 1/16 印张：9.75 字数：246.4 千字
版 次：2020 年 2 月第 1 版
印 次：2020 年 2 月第 1 次印刷
定 价：25.00 元

凡所购买电子工业出版社图书有缺损问题，请向购买书店调换。若书店售缺，请与本社发行部联系，联系及邮购电话：（010）88254888，88258888。

质量投诉请发邮件至 zlts@phei.com.cn，盗版侵权举报请发邮件至 dbqq@phei.com.cn。

本书咨询联系方式：xuling@phei.com.cn。

前言

职业院校学生能否成为高素质技能型人才，是与岗位能力高度关联的，因此本教材充分体现岗位职业技能与要求，以培养学生岗位职业能力为目的，提高学生实务操作能力，使学生熟练掌握成本会计技能，毕业时具有较强的岗位职业能力。我们根据职业教育的要求和职业院校学生的特点，本着实用、易操作的原则，编写了《成本会计实训》一书。本教材特点如下。

（1）资料仿真度高、内容翔实，有清晰的操作步骤，可操作性强。

为了让学生在学习与实训中能够接触并熟练操作真实的成本会计业务，获得较多的感性认识，顺利适应会计岗位工作需要，为就业奠定良好的技能基础，本教材所选经济业务与会计核算资料都来源于制造企业岗位实际发生的经济业务事项，紧密联系岗位需要，内容丰富，全面覆盖企业成本计算过程；所使用的原始凭证、记账凭证、账簿等都是高度仿真的，使学生在学校就可以接触到真实的成本会计资料。本教材对每个实训项目的操作步骤与操作方法都给出了详细的说明，形成了一套完整的成本会计核算体系。

（2）力求突破以往教材以学科为体系的传统编写模式，按职业教育岗位职业能力的要求构建教材体系。

本教材从经济业务发生开始，包括各种要素费用的归集和分配及账务处理，确定成本计算方法并计算成本等，根据不同成本计算方法进行成本核算，这样符合学生的认知特点，一步步形成成本会计岗位完整的知识体系，从而使学生职业能力得到锻炼与增强。

（3）教材内容紧密联系最新的《企业会计准则》，确保教材内容的先进性与科学性。

本教材所涉及的成本会计核算业务按最新的《企业会计准则》的要求编写与处理，全书内容与实际工作要求是同步的，以确保教材内容的先进性与科学性。

（4）本教材在设计上按实训项目进行，共分为九个实训项目。实训项目的内容按照成本核算顺序进行，具有连贯性，形成一个完整的成本核算体系。

本教材由北京农业职业学院王国清老师担任主编，并进行教材编写体例设计及负责全书编写工作，由注册会计师李志宏担任主审。教材在编写过程中得到了北京市商贸学校蔡宝兰老师及电子工业出版社的领导和同仁的大力支持和帮助，在此表示衷心感谢！

由于编者水平所限，书中所给资料和数据若存在不足和差错，敬请读者批评指正，我们将十分感谢。

王国清

2020年1月

目录

实训主体基本情况

一、企业概况

北京佳茂轮胎厂主要生产销售轮胎、轮胎原辅材料、橡胶工业专用设备等。轮胎规格是195/65R15。该厂设有密炼车间、轮胎成形车间、硫化车间三个基本生产车间，设有动力、机修两个辅助生产车间，为基本生产及经营管理部门提供产品及劳务。

二、生产工艺流程

北京佳茂轮胎厂的产品生产属于连续式复杂生产类型，多步骤大批量生产轮胎产品。

（一）基本生产车间

1. 密炼车间：把炭黑、天然合成橡胶、油、添加剂、促进剂等原材料混合到一起，在密炼机里进行加工，生产出“胶料”。

2. 轮胎成形车间：把所有的半成品在成形机上组装成“生胎”。在组装生胎之前，轮胎的帘布层和带束层已经按照轮胎的规格及结构设计需要被裁剪成适用的宽度和长度并接好接头。生胎经过检查后，运送到硫化车间。

3. 硫化车间：“生胎”被装到硫化机上，向模具内充入硫蒸气，使生胎与硫蒸气充分接触，通过硫化反应改变橡胶内部的分子结构，使橡胶的抗氧化性能得到显著提升，可大大延长轮胎的使用寿命。硫化完的轮胎即具备了成品轮胎的外观，包括图案、字体及胎面花纹，从而硫化成“成品轮胎”。

（二）辅助生产车间

1. 动力车间：投入煤、柴油、渣油、精制水等生产高压蒸汽，为基本生产车间提供动力。

2. 机修车间：主要为企业各基本生产车间、部门提供修理劳务。

三、成本核算特点

1. 北京佳茂轮胎厂的产品成本核算采用厂部集中核算制度。

基本生产车间的最终产品——成品轮胎，经过密炼车间、轮胎成形车间、硫化车间三个基本生产车间连续加工，即从胶料到生胎再到成品轮胎，可采用“品种法”“综合结转分步法”“平行结转分步法”，按各生产车间分步计算车间制品和轮胎产品成本。各基本生产车间按所生产的半成品或产成品作为成本计算对象，归集生产费用并设置生产成本明细账。

2. 辅助生产车间——动力车间以高压蒸汽作为成本计算对象，归集生产费用并设置生产成本明细账，采用品种法计算高压蒸汽的产品成本。辅助生产车间——机修车间以其提供的机修劳务作为成本计算对象，归集生产费用并设置生产成本明细账，采用品种法计算机修劳务的成本。

3．各辅助生产车间与基本生产车间相同，单独核算制造费用，月末按生产定额工时分配计入辅助生产成本。

4．基本生产车间与辅助生产车间的生产成本明细账均设置“直接材料”“燃料动力”“直接人工”“制造费用”四个成本项目。

四、生产成本明细账期初资料

生产成本明细账 2019 年 6 月初期初余额如总表 1～总表 3 所示。

总表 1　生产成本明细账

账户：基本生产成本——胶料　　单位：元

项　目	成本项目				
	直接材料	燃料动力	直接人工	制造费用	合　计
月初结存	97 892.00	8 216.00	6 549.78	13 748.59	126 406.37

总表 2　生产成本明细账

账户：基本生产成本——生胎　　单位：元

项　目	成本项目				
	直接材料	燃料动力	直接人工	制造费用	合　计
月初结存	185 729.00	67 348.00	15 082.65	27 261.42	295 421.07

总表 3　生产成本明细账

账户：基本生产成本——成品轮胎　　单位：元

项　目	成本项目				
	直接材料	燃料动力	直接人工	制造费用	合　计
月初结存	82 176.00	43 286.00	16 207.98	12 654.10	154 324.08

实训一　直接材料费用分配实训

一、实训目的

通过实训使学生熟悉直接材料费用汇集与分配的程序，掌握直接材料费用计入产品成本的方法。

二、实训程序与要求

北京佳茂轮胎厂设置“生产成本”和“制造费用”明细账，“生产成本——基本生产成本”按生产步骤分别设置“胶料”“生胎”“成品轮胎”三个明细账；“生产成本——辅助生产成本”分别按产品、劳务设置 “高压蒸汽”“机修”两个明细账，“制造费用”按照车间分别设置“密炼车间”“轮胎成形车间”“硫化车间”“动力车间”“机修车间”明细账。

1．根据“领料单”编制“材料费用分配表”（见表 1-1）。

2．根据“材料费用分配表”编制发出材料的计划成本及分配材料成本差异相关的记账凭证。

3．根据编制的记账凭证登记生产成本明细账和制造费用明细账（见表 1-2～表 1-14）。

三、实训说明

1．实训形式：本实训由成本核算员一人独立完成，也可由两人组成一组，一人编制材料费用分配表，一人编制记账凭证，并据以登记有关账户。

2．实训材料：记账凭证。

四、实训资料

1．北京佳茂轮胎厂原材料分为原料及主要材料、辅助材料、自制材料、外购半成品和入库前的包装材料等。原材料按计划成本核算，低值易耗品也采用计划成本核算。

原料及主要材料包括各种橡胶、乳胶、再生胶、帘布、帆布、补强剂、硫化剂等。

辅助材料包括防老剂、软化剂、增塑剂、防焦剂、汽油、钢丝、气门嘴等。

2．本月原材料成本差异率为 2%，低值易耗品差异率为-1%。

3．各基本生产车间只生产一种产品，因此领用的原材料作为直接材料费用，记入该产品生产成本明细账的“直接材料”项目。辅助生产车间领用的原材料，可直接计入劳务的有关成本中去。

4．北京佳茂轮胎厂 2019 年 6 月份有关领料凭证（No.2798～No.2822）如凭证 1-1～凭证 1-25 所示。

5．日常发出材料核算程序：各用料单位填制“领料单”，据以从材料仓库领用材料。月末，根据各种领退料凭证进行汇总，由财会部门编制“材料费用分配表”及登记相关明细账（见表 1-1～表 1-14）。

五、知识链接

材料按计划成本计价是指每种材料的收、发、存都按预先确定的计划单位成本计价。材料计划成本的构成内容与材料实际成本相同。材料计划单位成本应尽可能接近实际单位成本。材料计划单位成本确定后，在一个会计年度内一般不予变动。

在按计划成本法计价时，企业应按计划成本对材料的收、发、存进行核算，并及时计算材料实际成本与计划成本的差异。月份终了，再按照一定比例将上述差异分配于发出材料的成本中，并将已发出材料的计划成本调整为实际成本。

凭证 1-1

领　料　单

领料部门：密炼车间　　　　2019 年 6 月 3 日　　　　金额单位：元　　　　No.2798

领料用途：生产胶料							
编　号	品　名	规　格	单　位	请领数量	实发数量	计划单价	金　额
	天然橡胶		吨	80	80	8 500.00	680 000.00
附件：　　张				合　计			680 000.00

③ 财务记账联

部门主管：　　会计：　　发料：秉　然　　领料：王　芳　　制单：

凭证 1-2

领　料　单

领料部门：密炼车间　　　　2019 年 6 月 3 日　　　　金额单位：元　　　　No.2799

领料用途：生产胶料							
编　号	品　名	规　格	单　位	请领数量	实发数量	计划单价	金　额
	碳黑		吨	120	120	2 200.00	264 000.00
附件：　　张				合　计			264 000.00

③ 财务记账联

部门主管：　　会计：　　发料：秉　然　　领料：王　芳　　制单：

凭证 1-3

领　　料　　单

领料部门：密炼车间　　2019年6月3日　　金额单位：元　　No.2800

领料用途：生产胶料							
编　号	品　名	规　格	单　位	请领数量	实发数量	计划单价	金　额
	再生胶		吨	8	8	2 500.00	20 000.00
附件：　张				合　计			20 000.00

③ 财务记账联

部门主管：　会计：　发料：秉　然　领料：王　芳　制单：

凭证 1-4

领　　料　　单

领料部门：轮胎成型车间　　2019年6月5日　　金额单位：元　　No.2801

领料用途：生产帘布							
编　号	品　名	规　格	单　位	请领数量	实发数量	计划单价	金　额
	尼龙帘布		吨	38	38	4 500.00	171 000.00
附件：　张				合　计			171 000.00

③ 财务记账联

部门主管：　会计：　发料：张　玫　领料：姜　寒　制单：

凭证 1-5

领　料　单

领料部门：轮胎成型车间　　　　2019 年 6 月 5 日　　　　金额单位：元　　No.2802

领料用途：胎圈成型							
编　号	品　名	规　格	单　位	请领数量	实发数量	计划单价	金　额
	钢丝		吨	24	24	2 000.00	48 000.00
附件：　张				合　计			48 000.00

③ 财务记账联

部门主管：　　会计：　　发料：张　玫　　领料：姜　寒　　制单：

凭证 1-6

领　料　单

领料部门：密炼车间　　　　2019 年 6 月 6 日　　　　金额单位：元　　No.2803

领料用途：生产胶料							
编　号	品　名	规　格	单　位	请领数量	实发数量	计划单价	金　额
	天然橡胶		吨	50	50	8 500.00	425 000.00
附件：　张				合　计			425 000.00

③ 财务记账联

部门主管：　　会计：　　发料：秉　然　　领料：王　芳　　制单：

凭证 1-7

领　　料　　单

领料部门：密炼车间　　　　2019 年 6 月 6 日　　　　金额单位：元　　　　No.2804

领料用途：生产胶料

编　　号	品　　名	规　　格	单　　位	请领数量	实发数量	计划单价	金　　额
	增塑剂		吨	6	6	9 200.00	55 200.00
附件：　　张				合　　计			55 200.00

③ 财务记账联

部门主管：　　会计：　　发料：秉　然　　领料：王　芳　　制单：

凭证 1-8

领　　料　　单

领料部门：密炼车间　　　　2019 年 6 月 9 日　　　　金额单位：元　　　　No.2805

领料用途：生产胶料

编　　号	品　　名	规　　格	单　　位	请领数量	实发数量	计划单价	金　　额
	软化剂		吨	8	8	3 800.00	30 400.00
附件：　　张				合　　计			30 400.00

③ 财务记账联

部门主管：　　会计：　　发料：秉　然　　领料：王　芳　　制单：

凭证 1-9

领　料　单

领料部门：硫化车间　　2019 年 6 月 13 日　　金额单位：元　　No.2806

领料用途：成品轮胎							
编　号	品　名	规　格	单　位	请领数量	实发数量	计划单价	金　额
	硫化剂		千克	400	400	120.00	48 000.00
附件：　张				合　计			48 000.00

部门主管：　会计：　发料：贾　研　领料：李　明　制单：

③ 财务记账联

凭证 1-10

领　料　单

领料部门：硫化车间　　2019 年 6 月 17 日　　金额单位：元　　No.2807

领料用途：成品轮胎							
编　号	品　名	规　格	单　位	请领数量	实发数量	计划单价	金　额
	汽油		升	185	185	5.80	1 073.00
附件：　张				合　计			1 073.00

部门主管：　会计：　发料：贾　研　领料：李　明　制单：

③ 财务记账联

凭证 1-11

领　　料　　单

领料部门：轮胎成型车间　　2019 年 6 月 21 日　　金额单位：元　　No.2808

领料用途：生产生胎							
编　号	品　名	规　格	单　位	请领数量	实发数量	计划单价	金　额
	补强剂		吨	9	9	9 750.00	87 750.00
附件：　张				合　计			87 750.00

③ 财务记账联

部门主管：　会计：　发料：张　玫　领料：姜　寒　制单：

凭证 1-12

领　　料　　单

领料部门：密炼车间　　2019 年 6 月 24 日　　金额单位：元　　No.2809

领料用途：生产胶料							
编　号	品　名	规　格	单　位	请领数量	实发数量	计划单价	金　额
	天然乳胶		吨	6.50	6.50	15 500.00	100 750.00
附件：　张				合　计			100 750.00

③ 财务记账联

部门主管：　会计：　发料：秉　然　领料：王　芳　制单：

凭证 1-13

领　料　单

领料部门：硫化车间　　2019 年 6 月 27 日　　金额单位：元　　No.2810

领料用途：成品轮胎							
编　号	品　名	规　格	单　位	请领数量	实发数量	计划单价	金　额
	气门嘴		个	160	160	15.00	2 400.00
附件：　张				合　计			2 400.00

③ 财务记账联

部门主管：　会计：　发料：贾　研　领料：李　明　制单：

凭证 1-14

领　料　单

领料部门：动力车间　　2019 年 6 月 27 日　　金额单位：元　　No.2811

领料用途：高压蒸汽							
编　号	品　名	规　格	单　位	请领数量	实发数量	计划单价	金　额
	煤		吨	500	500	160.00	80 000.00
附件：　张				合　计			80 000.00

③ 财务记账联

部门主管：　会计：　发料：肖　柯　领料：王　雨　制单：

凭证 1-15

领　料　单

领料部门：动力车间　　　　2019 年 6 月 27 日　　　　金额单位：元　　　No.2812

领料用途：高压蒸汽							
编　号	品　名	规　格	单　位	请领数量	实发数量	计划单价	金　额
	柴油		吨	30	30	2 800.00	84 000.00
附件：　张					合　计		84 000.00

③ 财务记账联

部门主管：　　会计：　　发料：肖　柯　　领料：王　雨　　制单：

凭证 1-16

领　料　单

领料部门：动力车间　　　　2019 年 6 月 27 日　　　　金额单位：元　　　No.2813

领料用途：高压蒸汽							
编　号	品　名	规　格	单　位	请领数量	实发数量	计划单价	金　额
	渣油		吨	60	60	950.00	57 000.00
附件：　张					合　计		57 000.00

③ 财务记账联

部门主管：　　会计：　　发料：肖　柯　　领料：王　雨　　制单：

凭证 1-17

领　　料　　单

领料部门：动力车间　　2019 年 6 月 27 日　　金额单位：元　　No.2814

领料用途：高压蒸汽							
编　号	品　名	规　格	单　位	请领数量	实发数量	计划单价	金　额
	联胺		千克	30	30	1 100.00	33 000.00
附件：　张					合　计		33 000.00

③ 财务记账联

部门主管：　会计：　发料：肖　柯　领料：王　雨　制单：

凭证 1-18

领　　料　　单

领料部门：机修车间　　2019 年 6 月 27 日　　金额单位：元　　No.2815

领料用途：机修用							
编　号	品　名	规　格	单　位	请领数量	实发数量	计划单价	金　额
	成型机胶轮		件	15	15	4.50	67.50
附件：　张					合　计		67.50

③ 财务记账联

部门主管：　会计：　发料：蔡　迪　领料：李　亚　制单：

凭证 1-19

领　　料　　单

领料部门：机修车间　　　　2019 年 6 月 27 日　　　　金额单位：元　　　　No.2816

领料用途：机修用							
编　号	品　名	规　格	单　位	请领数量	实发数量	计划单价	金　额
	设备配件		个	400	400	120.00	48 000.00
附件：　张				合　计			48 000.00

③ 财务记账联

部门主管：　　会计：　　发料：蔡　迪　　领料：李　亚　　制单：

凭证 1-20

领　　料　　单

领料部门：机修车间　　　　2019 年 6 月 27 日　　　　金额单位：元　　　　No.2817

领料用途：机修用							
编　号	品　名	规　格	单　位	请领数量	实发数量	计划单价	金　额
	润滑油		千克	300	300	16.00	4 800.00
附件：　张				合　计			4 800.00

③ 财务记账联

部门主管：　　会计：　　发料：蔡　迪　　领料：李　亚　　制单：

凭证 1-21

领　料　单

领料部门：密炼车间　　　　2019 年 6 月 28 日　　　　金额单位：元　　No.2818

领料用途：劳保							
编　号	品　名	规　格	单　位	请领数量	实发数量	计划单价	金　额
	工作服		套	67	67	95.00	6 365.00
附件：　张					合　计		6 365.00

③ 财务记账联

部门主管：　　会计：　　发料：秉　然　　领料：王　芳　　制单：

凭证 1-22

领　料　单

领料部门：轮胎成型车间　　　　2019 年 6 月 28 日　　　　金额单位：元　　No.2819

领料用途：劳保							
编　号	品　名	规　格	单　位	请领数量	实发数量	计划单价	金　额
	工作服		套	52	52	95.00	4 940.00
附件：　张					合　计		4 940.00

③ 财务记账联

部门主管：　　会计：　　发料：张　玫　　领料：姜　寒　　制单：

凭证 1-23

领　料　单

领料部门：硫化车间　　2019 年 6 月 28 日　　金额单位：元　　No.2820

领料用途：劳保							
编　号	品　名	规　格	单　位	请领数量	实发数量	计划单价	金　额
	工作服		套	76	76	95.00	7 220.00
附件：　张				合　计			7 220.00

③ 财务记账联

部门主管：　会计：　发料：贾　研　领料：李　明　制单：

凭证 1-24

领　料　单

领料部门：机修车间　　2019 年 6 月 28 日　　金额单位：元　　No.2821

领料用途：劳保							
编　号	品　名	规　格	单　位	请领数量	实发数量	计划单价	金　额
	工作服		套	26	26	95.00	2 470.00
附件：　张				合　计			2 470.00

③ 财务记账联

部门主管：　会计：　发料：蔡　迪　领料：李　亚　制单：

凭证 1-25

领　料　单

领料部门：动力车间　　2019 年 6 月 28 日　　金额单位：元　　No.2822

领料用途：劳保							
编　号	品　名	规　格	单　位	请领数量	实发数量	计划单价	金　额
	工作服		套	29	29	95.00	2 755.00
附件：　张					合　计		2 755.00

③ 财务记账联

部门主管：　　会计：　　发料：肖　柯　　领料：王　雨　　制单：

表 1-1　材料费用分配表

年　月　日　　单位：元

应借科目			原材料									低值易耗品			合计		
			原料及主要材料			外购半成品			辅助材料								
			计划成本	差异额	实际成本	计划成本	差异额	实际成本	计划成本	差异额	实际成本	计划成本	差异额	实际成本	计划成本	差异额	实际成本
生产成本	基本生产成本	胶料															
		生胎															
		成品轮胎															
	辅助生产成本	高压蒸汽															
		机修															
制造费用	密炼车间																
	轮胎成形车间																
	硫化车间																
	动力车间																
	机修车间																
合计																	

表 1-2　生产成本明细账

账户：基本生产成本——胶料　　　　单位：元

年		凭证号码	摘　　要	成 本 项 目				
月	日			直接材料	燃料动力	直接人工	制造费用	合　　计

表 1-3　生产成本明细账

账户：基本生产成本——生胎　　　　单位：元

年		凭证号码	摘　　要	成本项目				
月	日			直接材料	燃料动力	直接人工	制造费用	合　　计

表 1-4　生产成本明细账

账户：基本生产成本——成品轮胎　　　　　　　　　　　　　　　　　　　　　　　　　　单位：元

年		凭证号码	摘　　要	成 本 项 目				
月	日			直接材料	燃料动力	直接人工	制造费用	合　　计

表 1-5　生产成本明细账

账户：辅助生产成本——高压蒸汽　　　　单位：元

年		凭证号码	摘　要	成本项目				
月	日			直接材料	燃料动力	直接人工	制造费用	合　计

表 1-6　生产成本明细账

账户：辅助生产成本——机修　　　　　　　　　　　　　　　　　　　　　　单位：元

年		凭证号码	摘　要	成本项目				
月	日			直接材料	燃料动力	直接人工	制造费用	合　计

表 1-7　生产成本明细账

账户：　　　　　　　　　　　　　　　　　　　　　　　　单位：元

年		凭证号码	摘　要	成本项目				
月	日			直接材料	燃料动力	直接人工	制造费用	合　计

表 1-8　生产成本明细账

账户：　　　　　　　　　　　　　　　　　　　　　　　　　　　单位：元

年		凭证号码	摘　　要	成本项目				
月	日			直接材料	燃料动力	直接人工	制造费用	合　　计

表 1-9　制造费用明细账

车间：密炼车间　　　　单位：元

年		凭证号码	摘　　要	明 细 项 目										合计
月	日			工资及福利费	办公费	水电费	修理费	机物料消耗	折旧费	保险费	劳动保护费	差旅费	其他	

表 1-10　制造费用明细账

车间：硫化车间　　　　单位：元

年		凭证号码	摘　　要	明 细 项 目										合计
月	日			工资及福利费	办公费	水电费	修理费	机物料消耗	折旧费	保险费	劳动保护费	差旅费	其他	

表 1-11　制造费用明细账

车间：轮胎成型车间　　　　单位：元

年		凭证号码	摘　　要	明 细 项 目										合计
月	日			工资及福利费	办公费	水电费	修理费	机物料消耗	折旧费	保险费	劳动保护费	差旅费	其他	

表 1-12　制造费用明细账

车间：动力车间　　　　单位：元

年		凭证号码	摘　　要	明 细 项 目										合计
月	日			工资及福利费	办公费	水电费	修理费	机物料消耗	折旧费	保险费	劳动保护费	差旅费	其他	

表 1-13　制造费用明细账

车间：机修车间　　　　单位：元

年		凭证号码	摘　要	明细项目										合计
月	日			工资及福利费	办公费	水电费	修理费	机物料消耗	折旧费	保险费	劳动保护费	差旅费	其他	

表 1-14　制造费用明细账

车间：　　　　单位：元

年		凭证号码	摘　要	明细项目										合计
月	日			工资及福利费	办公费	水电费	修理费	机物料消耗	折旧费	保险费	劳动保护费	差旅费	其他	

附：

记 账 凭 证

年　月　日　　　　　　　　　　　　　　　　字第　号

摘要	总账科目	明细科目		借方金额											贷方金额									
			√	千	百	十	万	千	百	十	元	角	分	√	千	百	十	万	千	百	十	元	角	分
合　计																								

附单据　张

财务主管　　　记账　　　出纳　　　审核　　　制单

记 账 凭 证

年　月　日　　　　　　　　　　　　　　　　字第　号

摘要	总账科目	明细科目		借方金额											贷方金额									
			√	千	百	十	万	千	百	十	元	角	分	√	千	百	十	万	千	百	十	元	角	分
合　计																								

附单据　张

财务主管　　　记账　　　出纳　　　审核　　　制单

记 账 凭 证

年　月　日　　　　　　　　字第　号

摘要	总账科目	明细科目		借方金额											贷方金额									
			√	千	百	十	万	千	百	十	元	角	分	√	千	百	十	万	千	百	十	元	角	分
合　计																								

附单据　张

财务主管　　　记账　　　出纳　　　审核　　　制单

记 账 凭 证

年　月　日　　　　　　　　字第　号

摘要	总账科目	明细科目		借方金额											贷方金额									
			√	千	百	十	万	千	百	十	元	角	分	√	千	百	十	万	千	百	十	元	角	分
合　计																								

附单据　张

财务主管　　　记账　　　出纳　　　审核　　　制单

记 账 凭 证

年 月 日 字第 号

摘要	总账科目	明细科目		借方金额											贷方金额									
			√	千	百	十	万	千	百	十	元	角	分	√	千	百	十	万	千	百	十	元	角	分
合 计																								

附单据 张

财务主管 记账 出纳 审核 制单

记 账 凭 证

年 月 日 字第 号

摘要	总账科目	明细科目		借方金额											贷方金额									
			√	千	百	十	万	千	百	十	元	角	分	√	千	百	十	万	千	百	十	元	角	分
合 计																								

附单据 张

财务主管 记账 出纳 审核 制单

记 账 凭 证

年 月 日　　　　字第 号

摘要	总账科目	明细科目		借方金额											贷方金额									
			√	千	百	十	万	千	百	十	元	角	分	√	千	百	十	万	千	百	十	元	角	分
合　计																								

附单据　张

财务主管　　记账　　出纳　　审核　　制单

记 账 凭 证

年 月 日　　　　字第 号

摘要	总账科目	明细科目		借方金额											贷方金额									
			√	千	百	十	万	千	百	十	元	角	分	√	千	百	十	万	千	百	十	元	角	分
合　计																								

附单据　张

财务主管　　记账　　出纳　　审核　　制单

实训二　外购动力费用分配实训

一、实训目的

通过实训使学生熟悉外购动力费用结算与分配的程序，掌握外购动力费用计入产品成本的方法。

二、实训程序与要求

1. 编制支付本月电费的记账凭证。
2. 编制“外购动力费用分配表”。根据“外购动力费用分配表”编制记账凭证。
3. 根据编制的记账凭证登记生产成本明细账和制造费用明细账（见表 1-2～表 1-14）。

三、实训说明

1. 实训形式：本实训由成本核算员一人独立完成。
2. 实训材料：记账凭证。

四、实训资料

北京佳贸轮胎厂 6 月份的电费增值税专用发票、委托银行收款结算凭证、外购动力耗用表、外购动力费用分配表如凭证 2-1、凭证 2-2，表 2-1、表 2-2 所示。

五、知识链接

外购动力实际上也相当于外购材料，只是没有以实物形式存在，因此，外购动力无收、发、存等环节，也无法设置专门账户进行核算，而是在外购时直接记入有关成本、费用账户。但在实际工作中，由于外购动力付款期与成本、费用核算期并不一致，即外购动力付款期往往是下月初，而成本、费用核算期一般在月末进行，因而，外购动力付款时并不反映在有关成本、费用账户，而是先记入“应付账款”账户，等到月末核算成本、费用时，再将其分配到有关成本、费用账户中。

凭证 2-1

北京增值税专用发票

发 票 联
北京市

No：65811750

开票日期：2019 年 6 月 21 日

购货单位	名　　称：北京佳茂轮胎厂 纳税人识别号：9111011406175108322×6 地 址 电 话：北京市海淀区上地七街 28 号　82027179 开户行及账号：中国工商银行北京市海淀四季青支行 621087943675321518				密码区	（略）		
货物或应税劳务名称	规格型号	单位	数量	单价	金额	税率	税额	
供电*电费		度	468 098	0.65	304 263.70	13%	39 554.28	
合　计					304 263.70		39 554.28	
价税合计（大写）	叁拾肆万叁仟捌佰壹拾柒元玖角捌分				（小写）¥343 817.98			
销售单位	名　　称：北京市海淀区供电局 纳税人识别号：110106210578654762 地 址 电 话：北京城南路 78 号　88314299 开户行及账号：中国工商银行海淀分行　621021967323470005				备注：	北京市海淀区供电局 110106210578654762 发票专用章		

收款人：　　复核：付新　　开票人：胡洁　　销售方：（章）

第二联：发票联　购货方记账凭证

凭证 2-2

委托银行收款结算凭证（支款通知）

第 0341 号

委托日期　2019 年 06 月 30 日　　委收号码：09861

收款人	全称	北京市海淀区供电局	付款人	全称	北京佳茂轮胎厂									
	账号	621021967323470005		账号或地址	621087943675321518									
	开户银行	中国工商银行海淀分行		开户银行	中国工商银行北京市海淀四季青支行									
委托收款金额	人民币（大写）	叁拾肆万叁仟捌佰壹拾柒元玖角捌分			千	百	十	万	千	百	十	元	角	分
						¥	3	4	3	8	1	7	9	8
附寄单证张数	1	委托收款凭据名称			款项内容					电费				
备注（电划）	上列托收款项如超过承付期限并未拒付时即视同全部承付 2019 年 06 月 30 日				开户银行盖章 中国工商银行 海淀分行 20180630 转讫 2019 年 06 月 30 日									

此联是付款人开户银行通知付款人按期承付货款的支款通知

表 2-1　外购动力耗用表

年　月　日

部　　门	用　　途	电费耗电量（度）
密炼车间	生产胶料	108 214
	车间一般耗用	7 800
轮胎成型车间	生产生胎	84 667
	车间一般耗用	4 980
硫化车间	生产成品轮胎	69 421
	车间一般耗用	4 870
动力车间	生产高压蒸汽	83 148
	车间一般耗用	7 460
机修车间	机修生产耗用	29 216
	车间一般耗用	4 372
厂部	一般耗用	63 950
合　　计		468 098

表 2-2　外购动力费用分配表

年　月　日

应借账户			电费分配		合　　计
			用电度数	金　　额	
总账	二级账	明细账			
生产成本	基本生产成本	胶料			
		生胎			
		成品轮胎			
	辅助生产成本	高压蒸汽			
		机修			
	小计				
制造费用	密炼车间				
	轮胎成型车间				
	硫化车间				
	动力车间				
	机修车间				
管理费用					
合　　计					

附：

记 账 凭 证

年　月　日　　　　　　　　　　字第　号

摘要	总账科目	明细科目		借方金额											贷方金额									
			√	千	百	十	万	千	百	十	元	角	分	√	千	百	十	万	千	百	十	元	角	分
合　计																								

附单据　张

财务主管　　　记账　　　出纳　　　审核　　　制单

记 账 凭 证

年　月　日　　　　　　　　　　字第　号

摘要	总账科目	明细科目		借方金额											贷方金额									
			√	千	百	十	万	千	百	十	元	角	分	√	千	百	十	万	千	百	十	元	角	分
合　计																								

附单据　张

财务主管　　　记账　　　出纳　　　审核　　　制单

记 账 凭 证

年 月 日　　　　　　　　　　字第 号

摘要	总账科目	明细科目		借方金额											贷方金额									
			√	千	百	十	万	千	百	十	元	角	分	√	千	百	十	万	千	百	十	元	角	分
合 计																								

附单据 张

财务主管　　记账　　出纳　　审核　　制单

记 账 凭 证

年 月 日　　　　　　　　　　字第 号

摘要	总账科目	明细科目		借方金额											贷方金额									
			√	千	百	十	万	千	百	十	元	角	分	√	千	百	十	万	千	百	十	元	角	分
合 计																								

附单据 张

财务主管　　记账　　出纳　　审核　　制单

记账凭证

年 月 日 字第 号

摘要	总账科目	明细科目	借方金额											贷方金额										
			√	千	百	十	万	千	百	十	元	角	分	√	千	百	十	万	千	百	十	元	角	分
合 计																								

附单据 张

财务主管 记账 出纳 审核 制单

记账凭证

年 月 日 字第 号

摘要	总账科目	明细科目	借方金额											贷方金额										
			√	千	百	十	万	千	百	十	元	角	分	√	千	百	十	万	千	百	十	元	角	分
合 计																								

附单据 张

财务主管 记账 出纳 审核 制单

实训三　职工工资薪酬费用分配实训

一、实训目的

通过实训使学生熟悉工资结算表及工资结算汇总表的编制，熟练掌握工资费用分配汇总表的编制方法，能够胜任工资核算岗位的会计工作。

二、实训程序与要求

1．根据“工资薪金结算表”编制全厂“工资薪金结算汇总表”（见表3-1）。

2．根据“工资薪金结算汇总表”编制“工资薪金费用分配汇总表”（见表3-2）。

3．根据“工资薪金费用分配汇总表”编制记账凭证。

4．根据编制的记账凭证登记生产成本明细账和制造费用明细账（见表1-2～表1-14）。

三、实训说明

1．实训形式：本实训由成本核算员一人独立完成。

2．实训材料：记账凭证。

四、实训资料

1．北京佳茂轮胎厂实行计时工资制，各车间、各部门人员工资由所在车间或部门将“考勤统计表”“经常性奖金发放表”“夜班、加班津贴表”等有关原始凭证报至人事科，人事科汇总整理后通知财务科，由工资核算员按车间、部门编制“工资薪金结算表”。

2．各基本生产车间、辅助生产车间因只生产一种产品，生产工人的工资作为直接费用，直接记入产品生产成本明细账的“直接人工”项目或劳务的有关成本中去。

五、知识链接

职工薪酬，是指企业为获得职工提供的服务而给予各种形式的报酬及其他相关支出。

主要包括：（1）职工工资、奖金、津贴和补贴；（2）职工福利、社会保险、住房公积金；（3）工会经费和职工教育经费；（4）辞退福利；（5）其他方式的职工薪酬。

新准则下职工福利费账务处理取消了原“应付工资”“应付福利费”会计科目，增设“应付职工薪酬”科目，核算企业根据有关规定应付给职工的各种薪酬。按照“职工工资、奖金、津贴和补贴”“职工福利费”“医疗保险费、养老保险费、失业保险费、工伤保险费和生育保险费等社会保险费”“住房公积金”“工会经费和职工教育经费”“非货币性福利”“因解除与职工劳动关系给予的补偿”“其他与获得职工提供服务相关的支出”等应付职工薪酬项目进行明细核算，将职工福利费列入职工薪酬范围核算。工会经费、职工教育费也不用计提，开支时直接列支，计入当期费用即可。

表 3-1　工资薪金结算汇总表

2019 年 06 月 30 日　　　　　　单位：元

部　门	人员类别	标准工资薪金	奖金	津帖和补贴		加班工资	特殊情况下支付的工资		应付工资	代扣款项			实发工资
				岗位津贴	交通补贴		病假	探亲		代垫款	五险	公积金	
密炼车间	生产工人	85 896	50 800	5 420	1 340	10 020	786	1 560	155 822	4 380	7 942	26 523	116 977
	管理人员	10 730	7 420	926	175	2 768	167	328	22 514	1 164	944	3 780	16 626
轮胎成型车间	生产工人	61 509	25 297	3 270	1 089	9 382	530	739	101 816	2 468	5 840	13 560	79 948
	管理人员	10 852	9 039	687	160	2 910	87	218	23 953	658	874	3 086	19 335
硫化车间	生产工人	91 806	60 890	5 920	1 670	6 020	489	4 596	171 391	2 380	7 047	31 532	130 432
	管理人员	16 760	8 472	1 326	256	4 768	178	578	32 338	994	1 294	5 086	24 964
动力车间	生产工人	30 754	20 400	2 707	675	5 600	296	680	61 112	2 189	3 968	14 350	40 605
	管理人员	9 732	7 028	826	155	2 198	96	481	20 516	768	649	3 468	15 631
机修车间	生产工人	25 842	18 548	2 685	567	5 230	349	538	53 759	2 189	3 968	14 350	33 252
	管理人员	9 235	6 702	801	145	2 419	139	388	19 829	676	612	3 246	15 295
厂部管理人员		90 815	59 890	5 292	1 467	3 712	268	7 459	168 903	795	7 246	25 823	135 039
合　计		443 931	274 486	29 860	7 699	55 027	3 385	17 565	831 953	18 661	40 384	144 804	628 104

表 3-2　工资薪金费用分配汇总表

年　月　日　　　　　　　　　　　　　　　　金额单位：元

<table>
<tr><th colspan="3" rowspan="2">应 借 账 户</th><th colspan="3">生产工人工资</th><th rowspan="2">车间管理人员工资</th><th rowspan="2">厂部管理人员工资</th><th rowspan="2">销售人员工资</th><th rowspan="2"></th><th rowspan="2">合计</th></tr>
<tr><th>定额工时</th><th>分配率</th><th>分配额</th></tr>
<tr><td>总账</td><td>二级账</td><td>明细账</td><td></td><td></td><td></td><td></td><td></td><td></td><td></td><td></td></tr>
<tr><td rowspan="6">生产成本</td><td rowspan="3">基本生产成本</td><td>胶料</td><td></td><td></td><td></td><td></td><td></td><td></td><td></td><td></td></tr>
<tr><td>生胎</td><td></td><td></td><td></td><td></td><td></td><td></td><td></td><td></td></tr>
<tr><td>成品轮胎</td><td></td><td></td><td></td><td></td><td></td><td></td><td></td><td></td></tr>
<tr><td rowspan="2">辅助生产成本</td><td>高压蒸汽</td><td></td><td></td><td></td><td></td><td></td><td></td><td></td><td></td></tr>
<tr><td>机修</td><td></td><td></td><td></td><td></td><td></td><td></td><td></td><td></td></tr>
<tr><td colspan="2">小　计</td><td></td><td></td><td></td><td></td><td></td><td></td><td></td><td></td></tr>
<tr><td rowspan="5">制造费用</td><td colspan="2">密炼车间</td><td></td><td></td><td></td><td></td><td></td><td></td><td></td><td></td></tr>
<tr><td colspan="2">轮胎成型车间</td><td></td><td></td><td></td><td></td><td></td><td></td><td></td><td></td></tr>
<tr><td colspan="2">硫化车间</td><td></td><td></td><td></td><td></td><td></td><td></td><td></td><td></td></tr>
<tr><td colspan="2">动力车间</td><td></td><td></td><td></td><td></td><td></td><td></td><td></td><td></td></tr>
<tr><td colspan="2">机修车间</td><td></td><td></td><td></td><td></td><td></td><td></td><td></td><td></td></tr>
<tr><td colspan="3">管理费用</td><td></td><td></td><td></td><td></td><td></td><td></td><td></td><td></td></tr>
<tr><td colspan="3"></td><td></td><td></td><td></td><td></td><td></td><td></td><td></td><td></td></tr>
<tr><td colspan="3">合　计</td><td></td><td></td><td></td><td></td><td></td><td></td><td></td><td></td></tr>
</table>

附：

记 账 凭 证

年　月　日　　　　　　　　　　　　　　　　　　　　　　字第　号

摘要	总账科目	明细科目		借方金额											贷方金额									
			√	千	百	十	万	千	百	十	元	角	分	√	千	百	十	万	千	百	十	元	角	分
合　计																								

附单据　张

财务主管　　　　记账　　　　出纳　　　　审核　　　　制单

记 账 凭 证

年　月　日　　　　　　　　　　　　　　　　　　　　　　字第　号

摘要	总账科目	明细科目		借方金额											贷方金额									
			√	千	百	十	万	千	百	十	元	角	分	√	千	百	十	万	千	百	十	元	角	分
合　计																								

附单据　张

财务主管　　　　记账　　　　出纳　　　　审核　　　　制单

记 账 凭 证

年 月 日 字第 号

摘要	总账科目	明细科目		借方金额											贷方金额									
			√	千	百	十	万	千	百	十	元	角	分	√	千	百	十	万	千	百	十	元	角	分
合 计																								

附单据 张

财务主管 记账 出纳 审核 制单

记 账 凭 证

年 月 日 字第 号

摘要	总账科目	明细科目		借方金额											贷方金额									
			√	千	百	十	万	千	百	十	元	角	分	√	千	百	十	万	千	百	十	元	角	分
合 计																								

附单据 张

财务主管 记账 出纳 审核 制单

记 账 凭 证

年 月 日　　　　字第 号

摘要	总账科目	明细科目		借方金额											贷方金额									
			√	千	百	十	万	千	百	十	元	角	分	√	千	百	十	万	千	百	十	元	角	分
合　计																								

附单据　张

财务主管　　记账　　出纳　　审核　　制单

记 账 凭 证

年 月 日　　　　字第 号

摘要	总账科目	明细科目		借方金额											贷方金额									
			√	千	百	十	万	千	百	十	元	角	分	√	千	百	十	万	千	百	十	元	角	分
合　计																								

附单据　张

财务主管　　记账　　出纳　　审核　　制单

实训四　固定资产折旧费用及其他费用分配实训

一、实训目的

通过实训使学生熟悉固定资产折旧费用、其他费用归集与分配的程序，掌握计提累计折旧及其他费用计入产品成本的方法。

二、实训程序与要求

1．根据“固定资产增减变化表”（见表 4-1）提取累计折旧，填写表 4-3 并编制记账凭证。

2．根据“其他费用汇总分配表”（见表 4-2）分配其他费用并编制记账凭证。

3．根据编制的记账凭证登记制造费用明细账（见表 1-9～表 1-14）。

三、实训说明

1．实训形式：本实训由成本核算员一人独立完成。

2．实训材料：记账凭证。

四、实训资料

北京佳茂轮胎厂 2019 年 6 月份各车间、各部门月初应计提累计折旧的固定资产增减变化如表 4-1 所示。固定资产计提累计折旧的方法使用年限平均法，其中折旧率采用分类折旧率，即房屋建筑物的月折旧率为 0.3%，机器设备与办公用品的月折旧率为 0.6%。

北京佳茂轮胎厂 6 月份发生的其他费用如表 4-2 所示，为简化起见均由“银行存款”支付。

五、知识链接

固定资产应当按月计提累计折旧。当月增加的固定资产，当月不计提累计折旧，从下月起计提累计折旧；当月减少的固定资产，当月仍计提累计折旧，从下月起不计提累计折旧。

累计折旧费用的归集通常是采用“固定资产累计折旧计算表”形式进行的，而折旧费用的分配则是通过编制“固定资产累计折旧费用分配表”进行的。

表 4-1 固定资产增减变化表

2019 年 6 月　　单位：元

使用部门		固定资产类别	月初固定资产原值	本月增加	本月减少	月末固定资产原值
基本生产车间	密炼车间	房屋和建筑物	3 614 560			3 614 560
		机器设备	6 675 164	43 516		6 718 680
		小　计				
	轮胎成型车间	房屋和建筑物	7 189 246			7 189 246
		机器设备	5 135 789		189 600	4 946 189
		小　计				
	硫化车间	房屋和建筑物	4 315 467			4 315 467
		机器设备	2 897 532			2 897 532
		小　计				
辅助生产车间	动力车间	房屋和建筑物	8 191 142			8 191 142
		机器设备	1 154 698	289 086	79 320	1 364 464
		小　计				
	机修车间	房屋和建筑物	5 174 126			5 174 126
		机器设备	1 345 618			1 345 618
		小　计				
管理部门		房屋和建筑物	9 167 156			9 167 156
		办公设备	746 180	5 600		751 780
		小　计				
合　计						

表 4-2 其他费用汇总分配表

2019 年 6 月　　单位：元

分配对象		办公费	差旅费	水电费	保险费	其他	合计
基本生产车间	密炼车间	24 500	4 768	9 500	1 800	8 200	48 768
	轮胎成型车间	52 310	395	5 100	2 980	12 095	72 880
	硫化车间	48 970	1 326	4 160	1 340	9 821	65 617
辅助生产车间	动力车间	12 100		7 500	2 056	468	22 124
	机修车间	24 890		3 200	1 800	910	30 800
行政管理		62 000	5 900	4 700	2 500	2 800	77 900
销售部门		26 710	6 700	2 000	2 670	5 000	43 080
合　计		251 480	19 089	36 160	15 146	39 294	311 169

表 4-3　固定资产计提累计折旧汇总表

2019 年 6 月

<table>
<tr><th colspan="2">使 用 单 位</th><th>固定资产类别</th><th>计 提 依 据</th><th>月分类折旧率（%）</th><th>月折旧额（元）</th></tr>
<tr><td rowspan="9">基本生产车间</td><td rowspan="3">密炼车间</td><td>房屋和建筑物</td><td></td><td></td><td></td></tr>
<tr><td>机器设备</td><td></td><td></td><td></td></tr>
<tr><td>小　　计</td><td></td><td></td><td></td></tr>
<tr><td rowspan="3">轮胎成型车间</td><td>房屋和建筑物</td><td></td><td></td><td></td></tr>
<tr><td>机器设备</td><td></td><td></td><td></td></tr>
<tr><td>小　　计</td><td></td><td></td><td></td></tr>
<tr><td rowspan="3">硫化车间</td><td>房屋和建筑物</td><td></td><td></td><td></td></tr>
<tr><td>机器设备</td><td></td><td></td><td></td></tr>
<tr><td>小　　计</td><td></td><td></td><td></td></tr>
<tr><td rowspan="6">辅助生产车间</td><td rowspan="3">动力车间</td><td>房屋和建筑物</td><td></td><td></td><td></td></tr>
<tr><td>机器设备</td><td></td><td></td><td></td></tr>
<tr><td>小　　计</td><td></td><td></td><td></td></tr>
<tr><td rowspan="3">机修车间</td><td>房屋和建筑物</td><td></td><td></td><td></td></tr>
<tr><td>机器设备</td><td></td><td></td><td></td></tr>
<tr><td>小　　计</td><td></td><td></td><td></td></tr>
<tr><td colspan="2" rowspan="3">管理部门</td><td>房屋和建筑物</td><td></td><td></td><td></td></tr>
<tr><td>办公设备</td><td></td><td></td><td></td></tr>
<tr><td>小　　计</td><td></td><td></td><td></td></tr>
<tr><td colspan="3">合　　计</td><td></td><td></td><td></td></tr>
</table>

附：

记 账 凭 证

年　月　日　　　　　　　　　　　　　　　　字第　号

摘要	总账科目	明细科目		借方金额											贷方金额									
			√	千	百	十	万	千	百	十	元	角	分	√	千	百	十	万	千	百	十	元	角	分
合　计																								

附单据　张

财务主管　　　　记账　　　　出纳　　　　审核　　　　制单

记 账 凭 证

年　月　日　　　　　　　　　　　　　　　　字第　号

摘要	总账科目	明细科目		借方金额											贷方金额									
			√	千	百	十	万	千	百	十	元	角	分	√	千	百	十	万	千	百	十	元	角	分
合　计																								

附单据　张

财务主管　　　　记账　　　　出纳　　　　审核　　　　制单

记 账 凭 证

年　月　日　　　　　　　　　　　　字第　号

摘要	总账科目	明细科目		借方金额											贷方金额									
			√	千	百	十	万	千	百	十	元	角	分	√	千	百	十	万	千	百	十	元	角	分
合　计																								

附单据　张

财务主管　　　　记账　　　　出纳　　　　审核　　　　制单

记 账 凭 证

年　月　日　　　　　　　　　　　　字第　号

摘要	总账科目	明细科目		借方金额											贷方金额									
			√	千	百	十	万	千	百	十	元	角	分	√	千	百	十	万	千	百	十	元	角	分
合　计																								

附单据　张

财务主管　　　　记账　　　　出纳　　　　审核　　　　制单

记 账 凭 证

年　月　日　　　　　　　　　　　　　　　　　　字第　号

摘要	总账科目	明细科目		借方金额											贷方金额									
			√	千	百	十	万	千	百	十	元	角	分	√	千	百	十	万	千	百	十	元	角	分
合　计																								

附单据　张

财务主管　　　　记账　　　　出纳　　　　审核　　　　制单

记 账 凭 证

年　月　日　　　　　　　　　　　　　　　　　　字第　号

摘要	总账科目	明细科目		借方金额											贷方金额									
			√	千	百	十	万	千	百	十	元	角	分	√	千	百	十	万	千	百	十	元	角	分
合　计																								

附单据　张

财务主管　　　　记账　　　　出纳　　　　审核　　　　制单

实训五　辅助生产费用归集与分配实训

一、实训目的

通过实训，使学生熟悉辅助生产费用归集的程序，熟练掌握辅助生产车间制造费用和辅助生产成本的分配方法及账务处理。

二、实训程序与要求

1．根据表 1-5、表 1-6、表 1-12、表 1-13 计算归集各辅助生产车间生产费用。

2．将各辅助生产车间的制造费用分配计入该车间提供的产品及劳务成本中，并编制记账凭证及制造费用分配表（见表 5-1、表 5-2）。

3．根据辅助生产车间供应的劳务数量编制表 5-3、表 5-4。

4．根据表 5-3、表 5-4 按照各受益对象编制记账凭证。

5．根据编制的记账凭证登记生产成本明细账、制造费用明细账（见表 1-2～表 1-14）。

三、实训说明

1．实训形式：本实训由成本核算员一人独立完成。

2．实训材料：记账凭证。

四、实训资料

北京佳茂轮胎厂辅助生产费用的分配根据所提供的劳务数量采用一次交互分配法或直接分配法，具体如表 5-1～表 5-5 所示。

五、知识链接

辅助生产车间发生的制造费用，若通过“制造费用”账户核算的，应比照基本生产车间制造费用的核算方法，直接或分配转入“生产成本——辅助生产成本”账户的借方；若不通过“制造费用”账户核算的，则应在发生时直接计入“生产成本——辅助生产成本”账户的借方。因为北京佳茂轮胎厂辅助生产车间只生产一种产品、只提供一种劳务，其制造费用直接转入相应的辅助生产成本中。

辅助生产费用的分配方法通常采用直接分配法、一次交互分配法、计划成本分配法、顺序分配法和代数分配法等。

一次交互分配法是将辅助生产部门相互提供的劳务先行交互分配，然后再将各辅助生产部门交互分配后的实际费用，全部分配给辅助生产部门以外各受益单位的一种方法。采用这种分配方法时，应分两次进行：第一次只限于各辅助生产车间之间根据相互提供的产品或劳务进行交互分配费用，基本生产车间和行政管理等部门从略；第二次是将辅助生产车间分配前的费用，加上从其他辅助生产车间分配转入的费用，减去已分配给其他辅助生产车间的费用，计算出各辅助生产车间的实际费用，再采用直接分配法，分配给基本生产车间和行政管理部门等受益单位。

一次交互分配法克服了直接分配法在辅助生产车间之间不分配费用的缺点，使辅助生产车间的成本计算更加准确，但由于要进行交互和对外两次分配，因而增加了计算工作量。这种方法一般适用于各辅助生产部门之间相互提供劳务较多的企业。而直接分配法简便易行，但这种方法对辅助生产车间之间相互提供的劳务没有参加分配，因而使各辅助生产车间的成本费用不完整，不利于考核辅助生产成本费用水平，也影响分配到辅助生产以外的其他各车间、部门的劳务费用金额的准确性。该方法一般适宜在辅助生产内部相互提供劳务不多、不进行费用的交互分配对辅助生产成本和企业产品成本影响不大的情况下采用。

表 5-1　制造费用分配表

年　月

产品名称	分配标准（工时）	分配率	分配额（元）
合计			

表 5-2　制造费用分配表

年　月

产品名称	分配标准（工时）	分配率	分配额（元）
合计			

表 5-3　辅助生产供应劳务数量通知单

年　月

<table>
<tr><th colspan="3" rowspan="2">耗 用 单 位</th><th colspan="2">劳 务 项 目</th></tr>
<tr><th>高压蒸汽（立方米）</th><th>机修（工时）</th></tr>
<tr><td rowspan="2">辅助生产车间</td><td colspan="2">动力车间</td><td></td><td>400</td></tr>
<tr><td colspan="2">机修车间</td><td>1 200</td><td></td></tr>
<tr><td rowspan="6">基本生产车间</td><td rowspan="2">密炼车间</td><td>产品耗用</td><td>2 800</td><td></td></tr>
<tr><td>一般耗用</td><td></td><td>650</td></tr>
<tr><td rowspan="2">轮胎成型车间</td><td>产品耗用</td><td>4 650</td><td></td></tr>
<tr><td>一般耗用</td><td></td><td>380</td></tr>
<tr><td rowspan="2">硫化车间</td><td>产品耗用</td><td>7 350</td><td></td></tr>
<tr><td>一般耗用</td><td></td><td>570</td></tr>
<tr><td>管理部门</td><td></td><td></td><td></td><td>200</td></tr>
<tr><td colspan="3">合　　计</td><td>16 000</td><td>2 200</td></tr>
</table>

表 5-4　辅助生产费用分配汇总表

（一次交互分配法）

年　月　日

项　目			高压蒸汽			机　修		
			供应数量（立方米）	单位成本（分配率）	实际成本（元）	供应数量（工时）	单位成本（分配率）	实际成本（元）
分配前情况								
交互分配	动力车间							
	机修车间							
	小计							
分配后情况								
对外分配	密炼车间	产品耗用						
		一般耗用						
	轮胎成型车间	产品耗用						
		一般耗用						
	硫化车间	产品耗用						
		一般耗用						
管理部门								
合　计								

表 5-5　辅助生产费用分配汇总表

（直接分配法）

年　月　日

项　目			高压蒸汽			机　修		
			供应数量（立方米）	单位成本（分配率）	实际成本（元）	供应数量（工时）	单位成本（分配率）	实际成本（元）
待分配辅助生产费用								
辅助生产以外部门劳务供应量								
基本生产部门	密炼车间	产品耗用						
		一般耗用						
	轮胎成型车间	产品耗用						
		一般耗用						
	硫化车间	产品耗用						
		一般耗用						
管理部门								
合　计								

附：

记 账 凭 证

年　月　日　　　　　　　　　　　　　　字第　号

摘要	总账科目	明细科目		借方金额											贷方金额									
			√	千	百	十	万	千	百	十	元	角	分	√	千	百	十	万	千	百	十	元	角	分
合　计																								

附单据　张

财务主管　　　　记账　　　　出纳　　　　审核　　　　制单

记 账 凭 证

年　月　日　　　　　　　　　　　　　　字第　号

摘要	总账科目	明细科目		借方金额											贷方金额									
			√	千	百	十	万	千	百	十	元	角	分	√	千	百	十	万	千	百	十	元	角	分
合　计																								

附单据　张

财务主管　　　　记账　　　　出纳　　　　审核　　　　制单

记 账 凭 证

年　月　日　　　　　　　　　　　　　字第　号

摘要	总账科目	明细科目		借方金额											贷方金额									
			√	千	百	十	万	千	百	十	元	角	分	√	千	百	十	万	千	百	十	元	角	分
合　计																								

附单据　张

财务主管　　　　记账　　　　出纳　　　　审核　　　　制单

记 账 凭 证

年　月　日　　　　　　　　　　　　　字第　号

摘要	总账科目	明细科目		借方金额											贷方金额									
			√	千	百	十	万	千	百	十	元	角	分	√	千	百	十	万	千	百	十	元	角	分
合　计																								

附单据　张

财务主管　　　　记账　　　　出纳　　　　审核　　　　制单

记 账 凭 证

年 月 日　　　　　　　　　　　　字第 号

摘要	总账科目	明细科目		借方金额											贷方金额									
			√	千	百	十	万	千	百	十	元	角	分	√	千	百	十	万	千	百	十	元	角	分
合 计																								

附单据 张

财务主管　　　　记账　　　　出纳　　　　审核　　　　制单

记 账 凭 证

年 月 日　　　　　　　　　　　　字第 号

摘要	总账科目	明细科目		借方金额											贷方金额									
			√	千	百	十	万	千	百	十	元	角	分	√	千	百	十	万	千	百	十	元	角	分
合 计																								

附单据 张

财务主管　　　　记账　　　　出纳　　　　审核　　　　制单

实训六　制造费用归集与分配实训

一、实训目的

通过实训使学生熟悉制造费用的归集程序，熟练掌握制造费用的分配方法及账务处理。

二、实训程序与要求

1．根据实训一～实训五有关资料归集基本生产车间发生的制造费用（见表 1-9～表 1-11）。

2．分配结转本月基本生产车间归集的制造费用，并编制记账凭证。

3．根据编制的记账凭证登记生产成本明细账和制造费用明细账（见表 1-2～表 1-11）。

三、实训说明

1．实训形式：本实训由成本核算员一人独立完成。

2．实训材料：　记账凭证。

四、实训资料

制造费用分配表如表 6-1～表 6-3 所示。

五、知识链接

制造费用月末必须按一定的分配标准及方法分配计入产品制造成本中去。生产单一品种的企业或车间，所归集的制造费用可以直接计入该种产品的制造成本；生产多品种的企业或车间，其归集的制造费用应采用适当的方法，分配计入各成本计算对象的制造成本。

制造费用的分配方法主要有生产工人工时比例分配法、生产工人工资薪金比例分配法、机器工时比例分配法和年度计划分配率法等。

北京佳茂轮胎厂基本生产车间因只生产一种产品，因此，该车间的制造费用可直接转入其所生产的产品成本中去。

表 6-1　制造费用分配表

年　月

产 品 名 称	分配标准（工时）	分　配　率	分配额（元）
合　　计			

表 6-2　制造费用分配表

年　月

产 品 名 称	分配标准（工时）	分　配　率	分配额（元）
合　　计			

表 6-3　制造费用分配表

年　月

产 品 名 称	分配标准（工时）	分　配　率	分配额（元）
合　　计			

附：

记 账 凭 证

年 月 日　　　　　　　　　　字第 号

摘要	总账科目	明细科目		借方金额											贷方金额									
			√	千	百	十	万	千	百	十	元	角	分	√	千	百	十	万	千	百	十	元	角	分
合　计																								

附单据 张

财务主管　　　　记账　　　　出纳　　　　审核　　　　制单

记 账 凭 证

年 月 日　　　　　　　　　　字第 号

摘要	总账科目	明细科目		借方金额											贷方金额									
			√	千	百	十	万	千	百	十	元	角	分	√	千	百	十	万	千	百	十	元	角	分
合　计																								

附单据 张

财务主管　　　　记账　　　　出纳　　　　审核　　　　制单

记 账 凭 证

年 月 日 字第 号

摘要	总账科目	明细科目		借方金额											贷方金额									
			√	千	百	十	万	千	百	十	元	角	分	√	千	百	十	万	千	百	十	元	角	分
合 计																								

附单据 张

财务主管 记账 出纳 审核 制单

记 账 凭 证

年 月 日 字第 号

摘要	总账科目	明细科目		借方金额											贷方金额									
			√	千	百	十	万	千	百	十	元	角	分	√	千	百	十	万	千	百	十	元	角	分
合 计																								

附单据 张

财务主管 记账 出纳 审核 制单

实训七　生产费用在完工产品与月末在产品之间的分配实训（品种法）

一、实训目的

通过实训使学生熟悉产品成本核算原理和一般程序，掌握产品成本计算方法中各个基本生产车间产品品种成本的计算，进一步熟悉约当产量法下成本会计核算工作。

二、实训程序与要求

1．根据实训一～实训六所提供的资料，归集各个基本生产车间发生的生产费用。

2．采用约当产量法计算当月完工产品成本和月末在产品成本，并编制记账凭证。

北京佳茂轮胎厂生产成品轮胎经过三个生产步骤，密炼车间、轮胎成型车间原材料随加工进度逐步投料，硫化车间生产开始时一次投入，要求采用约当产量法计算当月完工产品成本和月末在产品成本。

3．根据编制的记账凭证登记生产成本明细账，并结出月末在产品成本和单位成本（见表 7-2～表 7-4）。

三、实训说明

1．实训形式：本实训由成本核算员一人独立完成。

2．实训材料：记账凭证。

四、实训资料

1．各步骤产品发生的成本费用如实训一～实训六所示，登记各个生产成本明细账（见表 1-2～表 1-4）。

2．本月产量记录如表 7-1 所示。

五、知识链接

约当产量是指将月末在产品的数量按其完工程度折算为相当于完工产品的数量，即在产品大约相当于产成品的数量。

计算公式：在产品的约当产量＝在产品数量×在产品的完工程度（投料程度）

所谓约当产量比例法，就是把月末在产品的数量按其完工程度，折合成相当于完工产品的产量（约当产量），然后把完工产品的产量和在产品的约当产量相加，构成约当总产量，再和发生的生产费用相除，得出费用分配率，用分配率去乘完工产品产量和在产品约当产量，从而计算出完工产品应负担的成本和在产品应留存的成本，简称约当产量法。

在产品投料程度是指在产品已投入的材料费占完工产品材料费的比重。由于投入形式不同，在产品的投料程度也不同。

直接材料在生产开始时一次性投入。这时，在产品投料程度应按100%计算，因为此时无论处于何种完工程度下，由于材料已经全部投入，因此，每单位在产品耗用的原材料和每单位完工产品耗用的原材料是完全一致的，在产品的约当产量也就是在产品的实际数量。

直接材料随加工程度陆续投入。这时，直接材料的投入程度与产品的完工进度完全一致或基本一致。因此，在产品直接材料的投料程度同其他费用的完工程度完全一致，直接材料可以与工资、制造费用等其他费用一起按完工程度进行折算。

表 7-1　产量资料

项　　目	计量单位	密炼车间（胶料）	轮胎成型车间（生胎）	硫化车间（成品轮胎）
月初在产品	条	6 900	4 360	1 270
本月投产	条	8 000	6 220	7 410
本月完工产品	条	14 300	9 860	8 200
月末在产品	条	600	720	480
完工程度	条	50%	80%	60%

表 7-2　生产成本明细账

账户：基本生产成本——胶料

年		凭证号码	摘　要	成本项目				
月	日			直接材料	燃料动力	直接人工	制造费用	合　计
			月初在产品成本					
			本月发生费用					
			合　计					

表7-3　生产成本明细账

账户：基本生产成本——生胎

年		凭证号码	摘　要	成本项目				
月	日			直接材料	燃料动力	直接人工	制造费用	合　计
			月初在产品成本					
			本月发生费用					
			合　计					

表 7-4 生产成本明细账

账户：基本生产成本——成品轮胎

年		凭证号码	摘 要	成本项目				
月	日			直接材料	燃料动力	直接人工	制造费用	合 计
			月初在产品成本					
			本月发生费用					
			合 计					

附：

记 账 凭 证

年 月 日　　　　字第 号

摘要	总账科目	明细科目		借方金额											贷方金额									
			√	千	百	十	万	千	百	十	元	角	分	√	千	百	十	万	千	百	十	元	角	分
合　计																								

附单据　张

财务主管　　记账　　出纳　　审核　　制单

记 账 凭 证

年 月 日　　　　字第 号

摘要	总账科目	明细科目		借方金额											贷方金额									
			√	千	百	十	万	千	百	十	元	角	分	√	千	百	十	万	千	百	十	元	角	分
合　计																								

附单据　张

财务主管　　记账　　出纳　　审核　　制单

记 账 凭 证

年　月　日　　　　　　　　　　字第　号

摘要	总账科目	明细科目	借方金额											贷方金额										
			√	千	百	十	万	千	百	十	元	角	分	√	千	百	十	万	千	百	十	元	角	分
合　计																								

附单据　张

财务主管　　记账　　出纳　　审核　　制单

记 账 凭 证

年　月　日　　　　　　　　　　字第　号

摘要	总账科目	明细科目	借方金额											贷方金额										
			√	千	百	十	万	千	百	十	元	角	分	√	千	百	十	万	千	百	十	元	角	分
合　计																								

附单据　张

财务主管　　记账　　出纳　　审核　　制单

实训八　生产费用在完工产品与月末在产品之间的分配实训（逐步结转分步法——综合结转分步法）

一、实训目的

通过实训使学生熟悉产品成本核算原理和一般程序，掌握产品成本计算方法——分步法中的综合结转分步法的计算，进一步熟悉成本会计核算工作。

二、实训程序与要求

1．根据实训一～实训六提供的资料归集各个基本生产车间发生的生产费用。

2．采用约当产量法计算当月完工产品成本和月末在产品成本，编制记账凭证。

北京佳茂轮胎厂生产成品轮胎经过三个生产步骤，密炼车间、轮胎成型车间原材料随加工进度逐步投料，硫化车间生产开始时一次投入。要求采用约当产量法计算本月完工产品成本，运用综合结转分步法将本步骤完工产品成本结转到下一步成本中。

3.根据编制的记账凭证登记生产成本明细账，并结出完工产品成本和月末在产品成本（见表 8-6～表 8-8）。

4．根据本月所产半成品成本进行成本还原，编制成本还原计算表（见表 8-9）。

三、实训说明

1．实训形式：本实训由成本核算员一人独立完成或分组完成。

2．实训材料：记账凭证。

四、实训资料

1．各步骤产品发生的成本费用如实训一～实训六所示，登记各个生产成本明细账（见表 1-2～表 1-4）。

2．本月产量记录如表 8-1～表 8-5 所示，可分组各选择其中一个表的数据进行核算。

五、知识链接

逐步结转分步法是按照生产步骤归集生产费用，计算各步骤半成品的成本，同时将半成品的成本随着半成品实物而在各生产步骤之间顺序结转，最后计算出产成品的一种方法。

逐步结转分步法，按照结转的半成品成本在下一步骤产品成本明细账的反映方法不同，又可以分为综合结转分步法和分项结转分步法。

综合结转分步法是指将各生产步骤耗用的上一步骤的半成品成本，以一个合计金额结转记入该步骤成本计算单中的“直接材料”或专设“半成品”项目。成本计算与成本还原如图 8-1 所示。

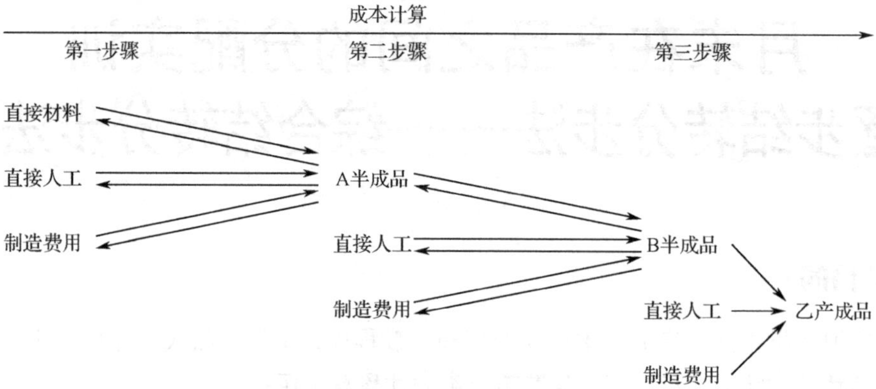

图 8-1　成本计算与成本还原

成本还原是在逐步综合结转分步法下，为了正确反映产品成本结构，对产成品成本中的自制半成品综合成本按生产步骤逐步分解，最终将产成品成本还原为按原始成本项目反映的方法。具体程序：从最后一个步骤依次向前推算，将其耗用上一步骤半成品的综合成本，按照上一步骤本月完工半成品成本项目的构成比例，逐步分解为原始的成本项目，然后将各步骤中成本项目相同的成本相加，以求出按原始成本项目反映的产品成本。

表 8-1　产量资料

项　　目	计 量 单 位	密炼车间（胶料）	轮胎成型车间（生胎）	硫化车间（成品轮胎）
月初在产品	条	6 900	4 360	1 270
本月投产	条	8 000	6 220	7 410
本月完工产品	条	14 300	9 860	8 200
月末在产品	条	600	720	480
完工程度	条	50%	80%	50%

表 8-2　产量资料

项　　目	计 量 单 位	密炼车间（胶料）	轮胎成型车间（生胎）	硫化车间（成品轮胎）
月初在产品	条	6 900	4 360	1 270
本月投产	条	8 000	6 220	7 410
本月完工产品	条	13 800	9 860	8 200
月末在产品	条	1 100	720	480
完工程度	条	40%	60%	70%

表 8-3　产量资料

项　　目	计 量 单 位	密炼车间（胶料）	轮胎成型车间（生胎）	硫化车间（成品轮胎）
月初在产品	条	6 900	4 360	1 270
本月投产	条	8 000	6 220	7 410
本月完工产品	条	10 800	7 860	8 020
月末在产品	条	3 100	720	660
完工程度	条	60%	70%	90%

表 8-4　产量资料

项　　目	计 量 单 位	密炼车间（胶料）	轮胎成型车间（生胎）	硫化车间（成品轮胎）
月初在产品	条	6 900	4 360	1 270
本月投产	条	8 000	6 220	7 410
本月完工产品	条	14 100	9 820	8 200
月末在产品	条	800	760	480
完工程度	条	80%	50%	40%

表 8-5　产量资料

项　　目	计 量 单 位	密炼车间（胶料）	轮胎成型车间（生胎）	硫化车间（成品轮胎）
月初在产品	条	6 900	4 360	1 270
本月投产	条	8 000	6 220	7 410
本月完工产品	条	13 100	9 720	8 260
月末在产品	条	1 800	860	420
完工程度	条	70%	40%	60%

表 8-6 生产成本明细账

账户：基本生产成本——胶料

年		凭证号码	摘要	成本项目				
月	日			直接材料	燃料动力	直接人工	制造费用	合计
			月初在产品成本					
			本月发生费用					
			合计					

表 8-7　生产成本明细账

账户：基本生产成本——生胎

年		凭证号码	摘　要	成本项目				
月	日			直接材料	燃料动力	直接人工	制造费用	合　计
			月初在产品成本					
			本月发生费用					
			合　计					

表 8-8　生产成本明细账

账户：基本生产成本——成品轮胎

年		凭证号码	摘　要	成本项目				
月	日			直接材料	燃料动力	直接人工	制造费用	合　计
			月初在产品成本					
			本月发生费用					
			合　计					

表 8-9 成本还原计算表

金额单位：元

<table>
<tr><td rowspan="2">成本项目</td><td>硫化车间</td><td colspan="3">轮胎成型车间</td><td colspan="3">密炼车间</td><td colspan="2">还原后的完工产品成本</td></tr>
<tr><td>还原前的产成品成本</td><td>还原前的半成品成本</td><td>成本结构（%）</td><td>三车间自制半成品还原后的成本</td><td>还原前的半成品成本</td><td>成本结构（%）</td><td>二车间自制半成品还原后的成本</td><td>总成本</td><td>单位成本</td></tr>
<tr><td>直接材料</td><td></td><td></td><td></td><td></td><td></td><td></td><td></td><td></td><td></td></tr>
<tr><td>自制半成品</td><td></td><td></td><td></td><td></td><td></td><td></td><td></td><td></td><td></td></tr>
<tr><td>燃料动力</td><td></td><td></td><td></td><td></td><td></td><td></td><td></td><td></td><td></td></tr>
<tr><td>直接人工</td><td></td><td></td><td></td><td></td><td></td><td></td><td></td><td></td><td></td></tr>
<tr><td>制造费用</td><td></td><td></td><td></td><td></td><td></td><td></td><td></td><td></td><td></td></tr>
<tr><td>合计</td><td></td><td></td><td></td><td></td><td></td><td></td><td></td><td></td><td></td></tr>
</table>

附：

记 账 凭 证

年 月 日　　　　　　　　　　　　字第　号

摘要	总账科目	明细科目		借方金额											贷方金额									
			√	千	百	十	万	千	百	十	元	角	分	√	千	百	十	万	千	百	十	元	角	分
合　计																								

附单据　张

财务主管　　　　记账　　　　出纳　　　　审核　　　　制单

记 账 凭 证

年 月 日　　　　　　　　　　　　字第　号

摘要	总账科目	明细科目		借方金额											贷方金额									
			√	千	百	十	万	千	百	十	元	角	分	√	千	百	十	万	千	百	十	元	角	分
合　计																								

附单据　张

财务主管　　　　记账　　　　出纳　　　　审核　　　　制单

记账凭证

年　月　日　　　　　　　　　　　　　　　　　　字第　号

摘要	总账科目	明细科目		借方金额											贷方金额									
			√	千	百	十	万	千	百	十	元	角	分	√	千	百	十	万	千	百	十	元	角	分
合　计																								

附单据　张

财务主管　　　　记账　　　　出纳　　　　审核　　　　制单

记账凭证

年　月　日　　　　　　　　　　　　　　　　　　字第　号

摘要	总账科目	明细科目		借方金额											贷方金额									
			√	千	百	十	万	千	百	十	元	角	分	√	千	百	十	万	千	百	十	元	角	分
合　计																								

附单据　张

财务主管　　　　记账　　　　出纳　　　　审核　　　　制单

实训九　生产费用在完工产品与月末在产品之间的分配实训（平行结转分步法）

一、实训目的

通过实训使学生熟悉产品成本核算原理和一般程序，掌握产品成本计算方法——分步法中的平行结转分步法的计算，进一步熟悉成本会计核算工作。

二、实训程序与要求

1．根据实训一～实训六提供的资料归集各个基本生产车间发生的生产费用。

2．计算各个步骤应计入产成品的份额，将各步骤由产成品负担的份额平行结转、汇总，计算本月完工产成品的总成本和单位成本，并编制记账凭证。各步骤原材料投料方式均为开工时一次投料，各步骤在产品完工程度按50%计算。

3. 根据编制的记账凭证登记各步骤产品成本计算单并结出计入产品成本份额和月末在产品成本，编制产品成本汇总表，计算出完工总成本和完工单位成本（见表9-6～表9-9）。

三、实训说明

1．实训形式：本实训由成本核算员一人独立完成。

2．实训材料：记账凭证。

四、实训资料

1．各步骤产品发生的成本费用如实训一～实训六所示，登记各个生产成本明细账（见表1-2～表1-4）。

2．本月产量记录如表9-1～表9-5所示，分组各选择一个表的数据进行核算。

五、知识链接

平行结转分步法是指在计算产品成本时，不计算本步骤所产半成品成本，也不计算本步骤所耗上步骤半成品的成本，只计算本步骤发生的费用和这些费用应计入产成品成本的份额，且将相同产品各步骤成本计算单中产成品应负担的份额平行结转、汇总，直接计算出该产品的成本。

所谓广义在产品，不仅包括本步骤正在加工中的在产品或在制品即狭义在产品，还包括本步骤已完工转入半成品库和以后各步骤继续加工但尚未最后完工制成产成品的半成品，以及未经验收入库的完工产品和待返修的废品。

平行结转计入产品成本份额的计算公式如下：

某步骤在产品约当产量=该步月末在产品数量×完工率（投料率）+后续各步骤在产品数量约当总量：

某步骤的约当总产量=产成品数量（最后步骤最终完工产成品）+该步广义在产品约当产量

某步骤某项费用（材料、人工费、制造费用等）的分配率=该步骤该项费用合计/该步约当总产量

某步骤应计入产成品成本的份额=产成品数量×该步骤生产费用分配率

表 9-1　产量资料

项　目	计 量 单 位	密炼车间（胶料）	轮胎成型车间（生胎）	硫化车间（成品轮胎）
月初在产品	条	6 900	4 360	1 270
本月投产	条	8 000	6 220	7 410
本月完工产品	条	14 300	9 860	8 200
月末在产品	条	600	720	480
完工程度	条	50%	80%	50%

表 9-2　产量资料

项　目	计 量 单 位	密炼车间（胶料）	轮胎成型车间（生胎）	硫化车间（成品轮胎）
月初在产品	条	6 900	4 360	1 270
本月投产	条	8 000	6 220	7 410
本月完工产品	条	13 800	9 860	8 200
月末在产品	条	1 100	720	480
完工程度	条	40%	60%	70%

表 9-3　产量资料

项　目	计 量 单 位	密炼车间（胶料）	轮胎成型车间（生胎）	硫化车间（成品轮胎）
月初在产品	条	6 900	4 360	1 270
本月投产	条	8 000	6 220	7 410
本月完工产品	条	10 800	7 860	8 020
月末在产品	条	3 100	720	660
完工程度	条	60%	70%	90%

表 9-4　产量资料

项　　目	计 量 单 位	密炼车间（胶料）	轮胎成型车间（生胎）	硫化车间（成品轮胎）
月初在产品	条	6 900	4 360	1 270
本月投产	条	8 000	6 220	7 410
本月完工产品	条	14 100	9 820	8 200
月末在产品	条	800	760	480
完工程度	条	80%	50%	40%

表 9-5　产量资料

项　　目	计 量 单 位	密炼车间（胶料）	轮胎成型车间（生胎）	硫化车间（成品轮胎）
月初在产品	条	6 900	4 360	1 270
本月投产	条	8 000	6 220	7 410
本月完工产品	条	13 100	9 720	8 260
月末在产品	条	1 800	860	420
完工程度	条	70%	40%	60%

表 9-6　第一步成本计算单

产品名称：

成本项目	直接材料	燃料动力	直接人工	制造费用	合　计
期初费用					
本期发生费用					
合　计					
计入产成品份额					
月末在产品					

表 9-7　第二步成本计算单

产品名称：

成本项目	直接材料	燃料动力	直接人工	制造费用	合　计
期初费用					
本期发生费用					
合　计					
计入产成品份额					
月末在产品					

表 9-8　第三步成本计算单

产品名称：

成本项目	直接材料	燃料动力	直接人工	制造费用	合　计
期初费用					
本期发生费用					
合　计					
计入产成品份额					
月末在产品					

表 9-9　产品成本汇总表

产品名称：成品轮胎　　　　完工产量：

项　目	数　量	直接材料	燃料动力	直接人工	制造费用	总成本	完工产品单位成本
密炼车间							
轮胎成型车间							
硫化车间							
合　计							

附：

记 账 凭 证

年　月　日　　　　　　　　　　　　　字第　号

摘要	总账科目	明细科目		借方金额											贷方金额									
			√	千	百	十	万	千	百	十	元	角	分	√	千	百	十	万	千	百	十	元	角	分
合　计																								

附单据　张

财务主管　　　　记账　　　　出纳　　　　审核　　　　制单

记 账 凭 证

年　月　日　　　　　　　　　　　　　字第　号

摘要	总账科目	明细科目		借方金额											贷方金额									
			√	千	百	十	万	千	百	十	元	角	分	√	千	百	十	万	千	百	十	元	角	分
合　计																								

附单据　张

财务主管　　　　记账　　　　出纳　　　　审核　　　　制单

记 账 凭 证

年　月　日　　　　　　　　　　字第　号

摘要	总账科目	明细科目		借方金额											贷方金额									
			√	千	百	十	万	千	百	十	元	角	分	√	千	百	十	万	千	百	十	元	角	分
合　计																								

附单据　张

财务主管　　记账　　出纳　　审核　　制单

记 账 凭 证

年　月　日　　　　　　　　　　字第　号

摘要	总账科目	明细科目		借方金额											贷方金额									
			√	千	百	十	万	千	百	十	元	角	分	√	千	百	十	万	千	百	十	元	角	分
合　计																								

附单据　张

财务主管　　记账　　出纳　　审核　　制单

记账凭证

年　月　日　　　　　　字第　号

摘要	总账科目	明细科目		借方金额											贷方金额									
			√	千	百	十	万	千	百	十	元	角	分	√	千	百	十	万	千	百	十	元	角	分
合　计																								

附单据　张

财务主管　　　记账　　　出纳　　　审核　　　制单

记账凭证

年　月　日　　　　　　字第　号

摘要	总账科目	明细科目		借方金额											贷方金额									
			√	千	百	十	万	千	百	十	元	角	分	√	千	百	十	万	千	百	十	元	角	分
合　计																								

附单据　张

财务主管　　　记账　　　出纳　　　审核　　　制单